CW00779515

S80

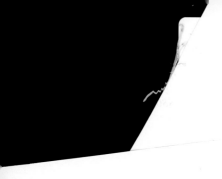

Susanne Rolf:
Occhi – Tatting – Frivolité: Mustersammlung,
Marburg, 2000.
ISBN 3-8311-0107-8
Herstellung: Libri Books on Demand

Occhi - Tatting - Frivolité

Mustersammlung

Susanne Rolf

Vorwort

Ist Ihnen eigentlich auch schon mal aufgefallen, daß man mit Occhi prima experimentieren kann ? Das tolle daran ist, daß unglaublich oft ein richtig hübsches Muster dabei 'rauskommt, es ist fast ganz egal, wie man es anfängt. Na gut, manchmal will sich das, was man mal als Stern angefangen hat, einfach nicht richtig in die Kurve legen. Macht nichts – dann gibt es wahrscheinlich eine schöne Taschentuchspitze her.

Wie sie schon sehen – das hier ist eine Sammlung verschiedener geglückter Experimente, die ich in den vergangenen Jahren mit der Schiffchenarbeit durchgeführt habe. Natürlich habe ich im Laufe der Zeit auch einige Techniken dazugelernt, die sich dann in den verschiedenen Mustern niederschlagen. Daher reicht die Bandbreite dieser Sammlung auch von einfachen Arbeiten mit Schiffchen und Knäuel bis zu etwas fortgeschritteneren Techniken wie Occhi-Karrees oder geteilten Ringen.

Viele andere AutorInnen haben schon Bücher über Occhi-Techniken veröffentlicht, in denen sowohl die grundlegenden Dinge als auch fortgeschrittene Techniken sehr detailliert und mit professioneller Bebilderung erklärt werden. Daher verzichte ich in dieser Mustersammlung auf die ausführliche Erklärung von grundlegenden Occhi-Techniken. Allerdings gibt es zu Anfang nochmal eine kleine Auffrischung der benutzten fortgeschrittenen Techniken. Dieses Mini-Kapitel ist allerdings mehr zur Erinnerung gedacht und ist sicherlich nicht zum Erlernen der Techniken brauchbar. Ich verweise Sie also in technischer Hinsicht auf die angegebene Literatur und verlasse mich ansonsten darauf, daß Sie das, was ich kann, auch schon irgendwo gelernt haben.

Ach ja: Zu jedem Buch gehört natürlich irgendwie auch eine Widmung, und diese geht an die zwei Frauen, die mich überhaupt erst mit dem Suchtmittel 'Occhi' vertraut gemacht haben: Ruth Scharf, eine tolle, geduldige Lehrerin und fabelhafte Designerin und meine Mutter, Ilona Rolf, die mit mir auszog, das Occhi zu lernen...

Ich wünsche Ihnen viel Freude an dieser Sammlung und – in Ermangelung einer ähnlich treffenden deutschen Wendung –

Happy Tatting !

Susanne Rolf
(susanne.rolf@gmx.de)

Inhalt:

Benutzte Techniken

Die eigentliche Occhi-Technik, d.h. Doppelknoten, Picots, Ringe und Bögen usw., wird im Rahmen dieser Mustersammlung nicht ausführlich erläutert, sondern vielmehr als bekannt vorausgesetzt. Sehr gut verständliche und ausführliche Einführungen in die Technik des Occhi bieten die folgenden beiden Bücher:

[burda 98]   Burda Praxis: *Occhi: Schiffchenspitze*. Augustus-Verlag, Augsburg, 1998.

[jones 85]   Rebecca Jones: *The Complete Book of Tatting*. Dryad Press Limited, London, 1985.

Die in den hier vorgestellten Mustern am häufigsten gebrauchten Techniken über die grundlegenden Elemente hinaus sind Occhi verkehrt bzw. geteilte Ringe und das Occhi-Karree. Diese drei Elemente sollen im folgenden – allerdings nur sehr knapp – erklärt werden. Für genauere Anweisungen sei auch hier auf die sehr schöne und reichlich bebilderte Erklärung in [burda 98] verwiesen.

Occhi verkehrt:

Beim Occhi verkehrt wird im wesentlichen nur die Reihenfolge der Knoten verändert, d.h. es wird der Links- von dem Rechtsknoten bzw. die zweite Hälfte des Knotens vor der ersten gearbeitet. Dabei wird nicht der Faden mit dem Schiffchen wie beim normalen Knoten gespannt, sondern vielmehr der über der linken Hand liegende Faden gespannt gehalten. Diese Technik wird besonders dann angewandt, wenn man großen Wert darauf legt, daß es eine 'rechte' Seite der Arbeit gibt, auf der alle Knoten vollständig erscheinen. Hat man sich auf eine Seite festgelegt, werden alle Knoten auf der 'linken' Seite – also beim Wenden der Arbeit – als Occhi verkehrt gearbeitet.
Über die reine Perfektion bei der Erstellung einer 'rechten' Seite hinaus wird die Technik des Occhi verkehrt auch bei geteilten Ringen eingesetzt. Da im Rahmen dieser Mustersammlung kein Wert auf die 'rechte' Seite gelegt wird, kommt Occhi verkehrt nur im Spezialfall der geteilten Ringe zum Einsatz.

Geteilte Ringe:

Man benutzt geteilte Ringe beispielsweise, um mit dem nächsten Element (z.B. einem Bogen) nicht wieder an der Basis des Rings ansetzen zu müssen, sondern von jeder beliebigen Stelle des Rings aus weiterarbeiten zu können. In den hier vorgestellten Mustern werden geteilte Ringe besonders häufig eingesetzt, um das Arbeiten der Muster in mehreren Runden zu vermeiden. Mit Hilfe der geteilten Ringe kann man oft sehr leicht von einer Runde zur nächsten gelangen, ohne dabei zwischendurch neu ansetzen zu müssen.

Einen geteilten Ring arbeitet man mit zwei Schiffchen. Er wird stets wie ein normaler Ring mit einer bestimmten Anzahl von Doppelknoten mit dem ersten Schiffchen begonnen. Abbildung 1 zeigt die erste Hälfte eines geteilten Rings aus 6 Dkn mit dem ersten Schiffchen.

Mit dem zweiten Schiffchen arbeitet man nun die vorgegebene Anzahl von Doppelknoten für die zweite Hälfte des Rings in Occhi verkehrt, indem man die andere Seite der Schlaufe als Arbeitsfaden benutzt (s. Abbildung 2). Sind die benötigten Knoten geknüpft, wird der Ring wie bisher zugezogen.

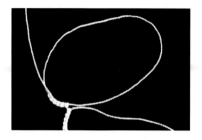 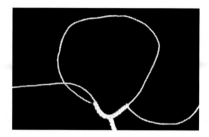 

Occhi-Karree:

Mit einem Occhi-Karree bezeichnet man einen normalerweise rechteckigen Teil der Occhi-Spitze, der durch das Aneinanderarbeiten von Bögen sehr dicht wird. Um ein Occhi-Karree zu arbeiten, benötigt man zwei Schiffchen. Kommt in einem Muster ein Occhi-Karree zum Einsatz, so wird es im Anleitungstext durch die Anzahl seiner Reihen und die benötigten Doppelknoten pro Reihe beschrieben.

Man beginnt bei einem Occhi-Karree mit einem Picot und arbeitet dann mit dem ersten Schiffchen die genannte Anzahl von Doppelknoten. Danach wechselt man das Schiffchen und arbeitet mit diesem zunächst einen Linksknoten, dann einen Picot und die entsprechende Anzahl von Doppelknoten (s. erstes Bild). Beim nun folgenden Wechsel der Schiffchen schlingt man zunächst an den vorletzten gearbeiteten Picot an, arbeitet dann einen Linksknoten, einen Picot und die entsprechenden Doppelknoten (s. zweites Bild). Diese Kombination von Anschlingen, Linksknoten, Picot und Doppelknoten wiederholt man, bis die gewünschte Anzahl von Reihen erreicht wird. Das dritte Bild zeigt ein Occhi-Karree aus 5 Reihen à 5 Doppelknoten.

Abkürzungen:

Dkn	Doppelknoten
Lkn	Linksknoten, d.h. nur die zweite Hälfte eines Doppelknotens.
p	Picot
p 8mm	Picot mit der Länge 8mm. Um einen Picot einer vorgegebenen Länge zu erzeugen, bereitet man am besten ein Stück fester Pappe vor, das von beliebiger Länge ist, aber in der Breite der Länge der gewünschten Picots entspricht. Beim Arbeiten der Picots wird das Garn um das Stück Pappe geschlungen, damit erhalten die Picots die vorgegebene Länge.
Ov	Occhi verkehrt
(p, 3 Dkn) 2mal	Die Anweisungen in Klammern entsprechend oft wiederholen. In diesem Fall würden sie ausgeschrieben der folgenden Anweisung entsprechen: p, 3 Dkn, p, 3 Dkn.
anschl.	anschlingen
anschl. lPvR	anschlingen an den letzten Picot des vorangegangenen Rings
vorangeg.	vorangegangenen
entspr.	entsprechenden

Spitzen mit Ecke

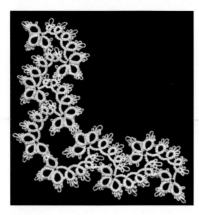

Techniken:
Geteilte Ringe bzw. Occhi verkehrt.

Material:
2 Schiffchen, die zur Unterscheidung in der Anleitung mit 'blau' und 'grün' bezeichnet werden.

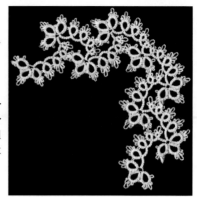

... und so wird's gemacht:

Man beginnt genau in der Mitte der Ecke im linken Bild. (* Es wird mit dem grünen Schiffchen ein Ring-Tripel gearbeitet aus einem Ring aus 6 Dkn, p, 4 Dkn, (p, 1 Dkn) 4mal, p, 4 Dkn, p, 6 Dkn und zwei Ringen aus 6 Dkn, anschl. lPvR, 4 Dkn, (p, 1 Dkn) 4mal, p, 4 Dkn, p, 6 Dkn. Weiterhin mit dem grünen Schiffchen arbeitet man nun einen Bogen aus 6 Dkn; einen Ring aus 5 Dkn, anschl. lPvR, 3 Dkn, (p, 1 Dkn) 4mal, p, 3 Dkn, p, 5 Dkn; einen Bogen aus 5 Dkn; einen Ring aus 4 Dkn, anschl. lPvR, 2 Dkn, (p, 1 Dkn) 4mal, p, 2 Dkn, p, 4 Dkn; einen Bogen aus 4 Dkn; einen Ring aus 3 Dkn, anschl. lPvR, 2 Dkn, (p, 1 Dkn) 2mal, p, 2 Dkn, p, 3 Dkn; einen Bogen aus 3 Dkn; einen Ring aus 2 Dkn, anschl. lPvR, (1 Dkn, p) 3mal, 3 Dkn und einen Bogen aus 4 Dkn. *) Die Sequenz von (* bis *) wird nun abwechselnd mit blauem und grünem Schiffchen wiederholt, dabei wird jeweils anstatt des mittleren Picots des ersten Rings des Tripels an den entspr. Ring der vorletzten Sequenz (s. Schema) angeschlungen.

Ecke der rechten Abbildung:

Man arbeitet die erste Ecke (oben rechts im Schema) nach Beendigung einer Sequenz von (* bis *) mit dem grünen Schiffchen: Mit dem blauen Schiffchen arbeitet man ein Tripel aus Ringen: Einen Ring aus 6 Dkn, p, 4 Dkn, (p, 1 Dkn) 2mal, anschl. an den entspr. Ring der vorletzten Sequenz (s. Schema), (1 Dkn, p) 2mal, 4 Dkn, p, 6 Dkn, dann zwei Ringe aus 6 Dkn, anschl. lPvR, 4 Dkn, (p, 1 Dkn) 4mal, p, 4 Dkn, p, 6 Dkn. Nun wird wieder gewechselt und man arbeitet mit dem grünen Schiffchen (** einen Bogen aus 4 Dkn; einen Ring aus 3 Dkn, anschl. an den kleinsten Ring der letzten Sequenz, (1 Dkn, p) 3mal, 2 Dkn; einen Bogen aus 3 Dkn; einen Ring aus 3 Dkn, anschl. lPvR, 2 Dkn, (p, 1 Dkn) 2mal, p, 2 Dkn, p, 3 Dkn; einen Bogen aus 4 Dkn; einen Ring aus 4 Dkn, anschl. lPvR, 2 Dkn, (p, 1 Dkn) 4mal, p, 2 Dkn, p, 4 Dkn; einen Bogen aus 5 Dkn; einen Ring aus 5 Dkn, anschl. lPvR, 3 Dkn, (p, 1 Dkn) 4mal, p, 3 Dkn, p, 5 Dkn; einen Bogen aus 6 Dkn und ein Ring-Tripel aus einem Ring aus 6 Dkn, anschl. lPvR, 4 Dkn, (p, 1 Dkn) 4mal, p, 4 Dkn, p, 6 Dkn und zwei Ringen aus 6 Dkn, anschl. lPvR, 4 Dkn, (p, 1 Dkn) 4mal, p, 4 Dkn, p, 6 Dkn **). Die Sequenz von (** bis **) wird nun immer abwechselnd mit dem blauen und dem grünen Schiffchen wiederholt, allerdings wird statt des Anschlingens des kleinsten Rings ein Picot gearbeitet und statt des mittleren Picots des zweitkleinsten Rings entsprechend dem Schema an die vorletzte Sequenz angeschlungen.

Ecke in der linken Abbildung:

Diese Ecke (unten links im Schema) beginnt nach einer Sequenz von (** bis **) mit dem grünen Schiffchen. Den letzten Ring des Tripels arbeitet man dabei als geteilten Ring aus 6 Dkn, anschl. lPvR, 4 Dkn, (p, 1 Dkn) 2mal mit dem grünen Schiffchen und 6 Dkn, p, 4 Dkn, (p, 1 Dkn) 2mal mit dem blauen Schiffchen. Nun beginnt man wieder mit einer Sequenz von (* bis *), allerdings ist der erste Ring des Tripels ebenfalls ein geteilter Ring, der aus (1 Dkn, p) 2mal, 4 Dkn, p, 6 Dkn mit dem grünen Schiffchen und (1 Dkn, p) 2mal, 4 Dkn, p, 6 Dkn mit dem blauen Schiffchen besteht. Im Wechsel wird nun wieder die Sequenz von (* bis *) mit blauem und grünem Schiffchen gearbeitet. Bei der ersten Wiederholung mit dem blauen Schiffchen muß der mittlere Ring des Tripels gemäß Schema an den mittleren Ring des gegenüberliegenden Tripels angeschlungen werden.

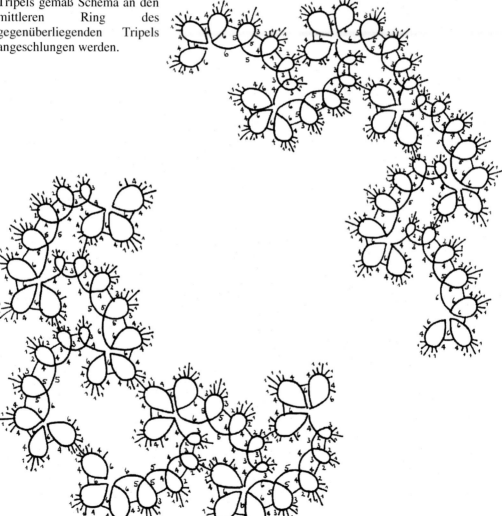

17

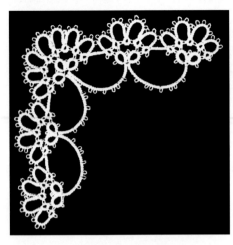

Techniken:
Geteilte Ringe bzw. Occhi verkehrt.

Material:
2 Schiffchen, die zur Unterscheidung in der Anleitung mit 'blau' und 'grün' bezeichnet werden.

... und so wird's gemacht:

Man beginnt diese Spitze mit dem im Schema mit A gekennzeichneten Ring. (* Mit dem grünen Schiffchen arbeitet man einen Ring aus (4 Dkn, p) 2mal, 2 Dkn, (p, 4 Dkn) 2mal. Weiterhin mit dem grünen Schiffchen folgen ein Bogen aus 6 Dkn, p, 4 Dkn, p, 2 Dkn, (p, 4 Dkn) 2mal, p, 2 Dkn, p, 4 Dkn, p, 6 Dkn und ein weiterer Ring aus (4 Dkn, p) 2mal, 2 Dkn, (p, 4 Dkn) 2mal *). Von (* bis *) wiederholen, bis man zur Ecke gelangt. Um die Ecke zu erhalten, arbeitet man nach dem Bogen mit dem grünen Schiffchen ein Ring-Tripel: Einen Ring aus (4 Dkn, p) 2mal, 2 Dkn, (p, 4 Dkn) 2mal und zwei weitere Ringe aus 4 Dkn, anschl. IPvR, 4 Dkn, p, 2 Dkn, (p, 4 Dkn) 2mal. Es folgt ein Bogen aus 6 Dkn, anschl. an den letzten Picot des vorangeg. Bogens, 4 Dkn, p, 2 Dkn, (p, 4 Dkn) 2mal, p, 2 Dkn, p, 4 Dkn, p, 6 Dkn. Nun arbeitet man wieder einen Ring aus (4 Dkn, p) 2mal, 2 Dkn, (p, 4 Dkn) 2mal und wiederholt von (* bis *) bis zur nächsten Ecke.

Wieder beim Ausgangspunkt angekommen arbeitet man den letzten Bogen und schlingt dessen Ende an die Basis des ersten Rings an. Dann arbeitet man einen geteilten Ring aus 4 Dkn, p, 4 Dkn mit dem grünen Schiffchen und (4 Dkn, p) 2mal, 2 Dkn mit dem blauen Schiffchen. Dieser Ring ist im Schema mit dem Buchstaben Z bezeichnet. Man kommt nun zur äußeren Runde der Spitze, indem man einen weiteren geteilten Ring aus 2 Dkn, p, 2 Dkn mit dem grünen Schiffchen und 2 Dkn, p, 2 Dkn mit dem blauen Schiffchen arbeitet.

Die äußere Runde wird nur mit dem blauen Schiffchen gearbeitet: Es folgt nun ein Bogen aus 4 Dkn, (p, 2 Dkn) 2mal, p, 4 Dkn. (** Dann arbeitet man einen Ring aus 2 Dkn, anschl. IPvR, 2 Dkn, anschl. an den entspr. Ring aus der vorangeg. Runde (s. Schema), 2 Dkn, p, 2 Dkn; einen Bogen aus 4 Dkn, (p, 2 Dkn) 4mal, p, 4 Dkn; einen Ring aus 2 Dkn, anschl. IPvR, 4 Dkn, p, 2 Dkn und einen Bogen aus 4 Dkn, (p, 2 Dkn) 4mal, p, 4 Dkn. Es folgen wiederum ein Ring aus 2 Dkn, anschl. IPvR, 2 Dkn, anschl. an den entspr. Ring aus der vorangeg. Runde (s. Schema), 2 Dkn, p, 2 Dkn; ein Bogen aus 4 Dkn, (p, 2 Dkn) 2mal, p, 4 Dkn und ein Ring aus 2 Dkn, anschl. IPvR, 2 Dkn, anschl. an den entspr. Ring aus der vorangeg. Runde (s. Schema), 2 Dkn, p, 2 Dkn. Nun arbeitet man einen kurzen Bogen aus 6 Dkn, einen weiteren Ring aus 2 Dkn, p, 2 Dkn, anschl. an den entspr. Ring aus der vorangeg. Runde (s. Schema), 2 Dkn, p, 2 Dkn und einen Bogen aus 4 Dkn, anschl. an den letzten Picot des vorletzten Bogens, (2 Dkn, p) 2mal, 4 Dkn **).

Von (** bis **) wiederholen bis man den ersten Ring an das Ring-Tripel der Ecke angeschlungen hat.

Für die Ecke arbeitet man im Anschluß an die Sequenz einen Ring aus 2 Dkn, anschl. lPvR, 2 Dkn, anschl. an den entspr. Ring aus der vorangeg. Runde (s. Schema), 2 Dkn, p, 2 Dkn; einen Bogen aus 4 Dkn, (p, 2 Dkn) 3mal, p, 4 Dkn; einen Ring aus 2 Dkn, anschl. lPvR, 4 Dkn, p, 2 Dkn; einen Bogen aus 4 Dkn, (p, 2 Dkn) 4mal, p, 4 Dkn; einen Ring aus 2 Dkn, anschl. lPvR, 2 Dkn, anschl. an den entspr. Ring aus der vorangeg. Runde (s. Schema), 2 Dkn, p, 2 Dkn; einen Bogen aus 4 Dkn, (p, 2 Dkn) 5mal, p, 4 Dkn; einen Ring aus 2 Dkn, anschl. lPvR, 2 Dkn, anschl. an den entspr. Ring aus der vorangeg. Runde (s. Schema), 2 Dkn, p, 2 Dkn; einen Bogen aus 4 Dkn, (p, 2 Dkn) 4mal, p, 4 Dkn; einen Ring aus 2 Dkn, anschl. lPvR, 4 Dkn, p, 2 Dkn; einen Bogen aus 4 Dkn, (p, 2 Dkn) 3mal, p, 4 Dkn; einen Ring aus 2 Dkn, anschl. lPvR, 2 Dkn, anschl. an den entspr. Ring aus der vorangeg. Runde (s. Schema), 2 Dkn, p, 2 Dkn; einen Bogen aus 4 Dkn, (p, 2 Dkn) 2mal, p, 4 Dkn und einen Ring aus 2 Dkn, anschl. lPvR, 2 Dkn, anschl. an den entspr. Ring aus der vorangeg. Runde (s. Schema), 2 Dkn, p, 2 Dkn. Es folgen noch ein Bogen aus 6 Dkn, ein Ring aus 2 Dkn, p, 2 Dkn, anschl. an den entspr. Ring aus der vorangeg. Runde, 2 Dkn, p, 2 Dkn und ein Bogen aus 4 Dkn, anschl. an den letzten Picot des vorletzten Bogens, (2 Dkn, p) 2mal, 4 Dkn. Von hier an wird wieder die Sequenz von (** bis **) wiederholt.

Spitzen mit Ecke

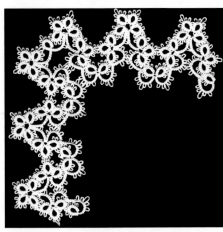

Techniken:
Keine speziellen Techniken.

Material:
Ein Schiffchen und das Knäuel.

... und so wird's gemacht:

Man beginnt diese Spitze mit einem (* Ring aus 4 Dkn, p, (2 Dkn, p) 2mal, (1 Dkn, p) 2mal, (2 Dkn, p) 2mal, 4 Dkn. Es folgt ein langer Bogen aus 4 Dkn, p, 2 Dkn, p, (1 Dkn, p) 2mal, 2 Dkn, p, 4 Dkn, anschl. an den mittleren Picot des vorangeg. Rings, 4 Dkn, p, 2 Dkn, p, (1 Dkn, p) 2mal, 2 Dkn, p, 4 Dkn. Als nächstes arbeitet man ein Ring-Tripel: Einen Ring aus 4 Dkn, p, (2 Dkn, p) 2mal, 1 Dkn, anschl. an den mittleren Picot des vorangeg. Rings (an den wiederum gerade der Bogen angeschlungen wurde), 1 Dkn, p, (2 Dkn, p) 2mal, 4 Dkn, danach folgen der zweite und dritte Ring jeweils aus 4 Dkn, anschl. lPvR, (2 Dkn, p) 2mal, (1 Dkn, p) 2mal, (2 Dkn, p) 2mal, 4 Dkn. Mit einem Bogen aus 6 Dkn, p, 6 Dkn kommt man zum Ring-Vierer an der Spitze des Musters: Als erstes wird ein Ring aus 4 Dkn, p, (2 Dkn, p) 2mal, 1 Dkn, anschl. an den mittleren Picot des vorangeg. Rings, 1 Dkn, p, (2 Dkn, p) 2mal, 4 Dkn gearbeitet. Darauf folgen drei weitere Ringe aus 4 Dkn, anschl. lPvR, (2 Dkn, p) 2mal, (1 Dkn, p) 2mal, (2 Dkn, p) 2mal, 4 Dkn. Nun arbeitet man einen Bogen aus 6 Dkn, anschl. an den Picot des gegenüberliegenden Bogens (s. Schema), 6 Dkn und ein weiteres Ring-Tripel: Der erste Ring besteht aus 4 Dkn, p, (2 Dkn, p) 2mal, 1 Dkn, anschl. an den mittleren Picot des vorangeg. Rings, 1 Dkn, p, (2 Dkn, p) 2mal, 4 Dkn, der zweite und dritte Ring jeweils aus 4 Dkn, anschl. lPvR, (2 Dkn, p) 2mal, (1 Dkn, p) 2mal, (2 Dkn, p) 2mal, 4 Dkn. Es folgt ein weiterer Bogen aus 4 Dkn, p, 2 Dkn, p, 1 Dkn, anschl. an den mittleren Picot des gegenüberliegenden Bogens (s. Schema), 1 Dkn, p, 2 Dkn, p, 4 Dkn, anschl. an den mittleren Picot des vorangeg. Rings, 4 Dkn, p, 2 Dkn, p, (1 Dkn, p) 2mal, 2 Dkn, p, 4 Dkn. Man arbeitet nun einen weiteren Ring aus 4 Dkn, p, (2 Dkn, p) 2mal, 1 Dkn, anschl. an den mittleren Picot des vorangeg. Rings (an den soeben der Bogen angeschlungen wurde), 1 Dkn, p, (2 Dkn, p) 2mal, 4 Dkn.*) Von (* bis *) wiederholen bis man zu einer Ecke gelangt. Bei den Wiederholungen muß beachtet werden, daß der mittlere Picot des mittleren Rings des Tripels an den entspr. Picot im zuletzt gearbeiteten Tripel angeschlungen werden muß (s. Schema).

Ecke:
Die notwendigen Abweichungen für eine Ecke beginnen hier nach einem Ring-Vierer. Wie bisher arbeitet man einen Bogen aus 6 Dkn, anschl. an den gegenüberliegenden Bogen, 6 Dkn. Um die Ecke zu formen folgen nun ein einzelner Ring aus 4 Dkn, anschl. an den mittleren Picot des vorangeg. Rings, (2 Dkn, p) 2mal, (1 Dkn, p) 2mal, (2 Dkn, p) 2mal, 4 Dkn und ein Bogen aus

6 Dkn, p, 6 Dkn. Nach diesem Bogen arbeitet man wieder einen Ring-Vierer, dessen erster Ring aus 4 Dkn, p, (2 Dkn, p) 2mal, 1 Dkn, anschl. lPvR, 1 Dkn, p, (2 Dkn, p) 2mal, 4 Dkn besteht. Darauf folgen drei weitere Ringe aus 4 Dkn, anschl. lPvR, (2 Dkn, p) 2mal, (1 Dkn, p) 2mal, (2 Dkn, p) 2mal, 4 Dkn. Der nun folgende Bogen besteht aus 6 Dkn, anschl. an den Picot des letzten Bogens, 6 Dkn. Nun folgt wieder ein Ring-Tripel: Der erste Ring besteht aus 4 Dkn, p, (2 Dkn, p) 2mal, 1 Dkn, anschl. an den mittleren Picot des vorangeg. Rings, 1 Dkn, p, (2 Dkn, p) 2mal, 4 Dkn, der zweite und dritte Ring jeweils aus 4 Dkn, anschl. lPvR, (2 Dkn, p) 2mal, (1 Dkn, p) 2mal, (2 Dkn, p) 2mal, 4 Dkn. Zum Abschluß der Ecke arbeitet man einen Bogen aus 4 Dkn, p, 2 Dkn, p, 1 Dkn, anschl. an den mittleren Picot des gegenüberliegenden Bogens (s. Schema), 1 Dkn, p, 2 Dkn, p, 4 Dkn, anschl. an den mittleren Picot des vorangeg. Rings, 4 Dkn, p, 2 Dkn, p, 1 Dkn, anschl. an den mittleren Picot des gegenüberliegenden Bogens (s. Schema), 1 Dkn, p, 2 Dkn, p, 4 Dkn. Mit einem weiteren Ring aus 4 Dkn, p, (2 Dkn, p) 2mal, 1 Dkn, anschl. an den mittleren Picot des vorangeg. Rings (an den soeben der Bogen angeschlungen wurde), 1 Dkn, p, (2 Dkn, p) 2mal, 4 Dkn ist die Ecke beendet und man kann wieder mit der Sequenz von (* bis *) beginnen.

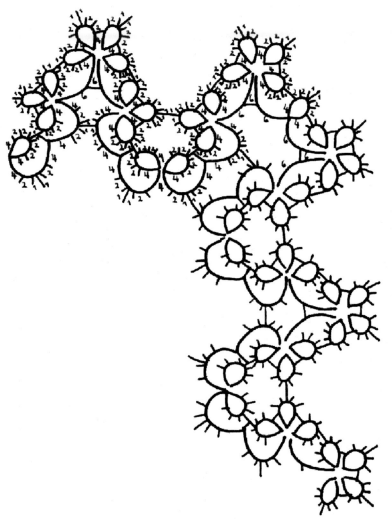

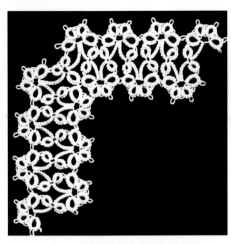

Techniken:
Keine speziellen Techniken.

Material:
Zwei Schiffchen, die zur Unterscheidung in der Anleitung mit 'blau' und 'grün' bezeichnet werden.

... und so wird's gemacht:

Man beginnt diese Spitze mit dem grünen Schiffchen und (* arbeitet zunächst einen Ring aus 6 Dkn, p, 6 Dkn und einen Bogen aus 8 Dkn. Es folgt ein Ring-Vierer, dessen erster Ring aus 6 Dkn, anschl. lPvR, 4 Dkn, p, 4 Dkn, p, 4 Dkn besteht. Der zweite und dritte Ring werden aus 4 Dkn, anschl. lPvR, 3 Dkn, p, 3 Dkn, p, 4 Dkn gearbeitet, der letzte Ring besteht aus 4 Dkn, anschl. lPvR, 4 Dkn, p, 4 Dkn, p, 6 Dkn. Nach dem Ring-Vierer arbeitet man einen weiteren Bogen aus 8 Dkn und noch immer mit dem grünen Schiffchen einen Ring aus 6 Dkn, anschl. lPvR, 6 Dkn. *)

Die Sequenz von (* bis *) wird nun ständig abwechselnd mit dem blauen und dem grünen Schiffchen gearbeitet. Dabei muß beachtet werden, daß jeweils anstelle des zweiten Picots des ersten Rings des Ring-Vierers an den entspr. Picot des vierten Rings des gegenüberliegenden Ring-Vierers angeschlungen werden muß. Die Einzelheiten der Verbindung können am besten dem Schema entnommen werden.

Ecke:

Die Ecke wird nach einem Ring-Vierer mit dem grünen Schiffchen angesetzt. Man arbeitet dazu noch immer mit dem grünen Schiffchen einen Bogen aus 12 Dkn. Es folgt ein Ring-Paar, dessen erster Ring aus 6 Dkn, anschl. lPvR, 4 Dkn, p, 2 Dkn besteht. Der zweite Ring wird aus 2 Dkn, anschl. lPvR, 4 Dkn, p, 6 Dkn gemacht. Nun arbeitet man mit dem blauen Schiffchen einen Ring aus 8 Dkn, anschl. an den letzten Ring des vorletzten Ring-Vierers (s. Schema), 8 Dkn. Es geht weiter mit dem grünen Schiffchen und einem Bogen aus 12 Dkn, der zu einem weiteren Ring-Vierer mit dem grünen Schiffchen führt: Der erste Ring besteht aus 6 Dkn, anschl. an den freien Picot des zweiten Rings des Ring-Paares, 4 Dkn, p, 4 Dkn, p, 4 Dkn. Zweiter und dritter Ring werden aus 4 Dkn, anschl. lPvR, 3 Dkn, p, 3 Dkn, p, 4 Dkn gearbeitet, der letzte Ring besteht aus 4 Dkn, anschl. lPvR, 4 Dkn, p, 4 Dkn, p, 6 Dkn. Noch immer mit dem grünen Schiffchen arbeitet man einen Bogen aus 8 Dkn und einen weiteren Ring aus 6 Dkn, anschl. lPvR, 6 Dkn. Nun wechselt man wieder das Schiffchen und arbeitet mit dem blauen Schiffchen einen Ring aus 6 Dkn, p, 6 Dkn und einen Bogen aus 8 Dkn. Der erste Ring des nun folgenden Vierers besteht aus 6 Dkn, anschl. lPvR, 4 Dkn, anschl. an den mittleren Picot des letzten Rings des letzten nach 'innen' zeigenden Ring-Vierers (an den bereits der einzelne Ring angeschlungen wurde), 4 Dkn, p, 4 Dkn.

Für den zweiten Ring arbeitet man 4 Dkn, anschl. lPvR, 3 Dkn, anschl. an den mittleren Picot des dritten Rings des letzten nach 'innen' zeigenden Vierers, 3 Dkn, p, 4 Dkn. Es folgen wie gehabt ein Ring aus 4 Dkn, anschl. lPvR, 3 Dkn, p, 3 Dkn, p 4 Dkn und ein Ring aus 4 Dkn, anschl. lPvR, 4 Dkn, p, 4 Dkn, p, 6 Dkn. Mit einem weiteren Bogen aus 8 Dkn und einem Ring aus 6 Dkn, anschl. lPvR, 6 Dkn beendet man die Ecke und kann die Sequenz von (* bis *) mit dem grünen Schiffchen erneut beginnen.

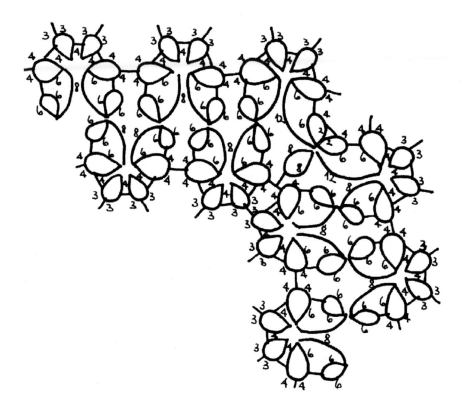

Techniken:
Keine speziellen Techniken.

Material:
Ein Schiffchen und das Knäuel.

... und so wird's gemacht:
(* Man arbeitet zunächst einen Ring aus (1 Dkn, p) 4mal, 4 Dkn, (etwas längerer) p, 8 Dkn und einen Bogen aus 8 Dkn, anschl. lPvR, 6 Dkn, (p, 2 Dkn) 4mal, p, 6 Dkn, nochmals anschl. an den gleichen Picot, 6 Dkn, (p, 2 Dkn) 4mal, p, 6 Dkn, nochmals anschl. an den gleichen Picot. Nun folgen ein Ring aus 4 Dkn, anschl. an den vorletzten Picot des letzten Rings (s. Schema), (1 Dkn, p) 4mal, 8 Dkn und ein Bogen aus 8 Dkn, anschl. lPvR. Von hier aus arbeitet man einen weiteren Ring aus (1 Dkn, p) 8mal, 8 Dkn und wieder einen Bogen aus 8 Dkn, anschl. lPvR *). Von (* bis *) wiederholen, bis man zur Ecke gelangt. Dabei muß beachtet werden, daß anstelle des zweiten Picots des langen Bogens jeweils an den vorletzten Picot des letzten langen Bogens angeschlungen werden muß. Die Verbindung kann aus dem Schema abgelesen werden.

Ecke:
Um eine Ecke zu erhalten, arbeitet man nach einem langen Bogen einen Ring aus 4 Dkn, anschl. an den vorletzten Picot des vorangeg. Rings, (1 Dkn, p) 4mal, 8 Dkn und einen Bogen aus 8 Dkn wie gehabt. Dann folgen ein Ring aus (1 Dkn, p) 8mal, 8 Dkn und ein umschließender Bogen aus 8 Dkn. Diese Ring-Bogen-Kombination wird für die Ecke noch zweimal wiederholt. Mit einem weiteren Ring aus (1 Dkn, p) 4mal, 4 Dkn, (etwas längerer) p, 8 Dkn und einem langen Bogen aus 8 Dkn, anschl. lPvR, 6 Dkn, p, 2 Dkn, anschl. an den entspr. Picot des letzten langen Bogens (s. Schema), 2 Dkn, p, 2 Dkn, nochmals anschl. an den letzten langen Bogen, 2 Dkn, p, 6 Dkn, anschl. lPvR (an den der Bogen bereits einmal angeschlungen wurde), 6 Dkn, (p, 2 Dkn) 4mal, p, 6 Dkn, nochmals anschl. an den gleichen Picot des vorangeg. Rings erhält man die Ecke. Nach einem Ring aus 4 Dkn, anschl. an den vorletzten Picot des vorangeg. Rings, (1 Dkn, p) 4mal, 8 Dkn, dem zugehörigen Bogen aus 8 Dkn, anschl. lPvR, einem weiteren Ring aus (1 Dkn, p) 8mal, 8 Dkn und dessen Bogen aus 8 Dkn, anschl. lPvR kann man die Sequenz von (* bis *) wieder aufnehmen.

Sterne

Techniken:
Geteilte Ringe bzw. Occhi verkehrt.

Material:
20er Garn (ergibt ca. 9 cm Durchmesser);
2 Schiffchen, die zur Unterscheidung in der Anleitung
mit 'blau' und 'grün' bezeichnet werden.

... und so wird's gemacht:

Gestartet wird mit dem Ring A in der Zeichnung. Mit dem blauen Schiffchen arbeitet man 10 Dkn. Der zweite Teil des Rings wird folgendermaßen mit dem grünen Schiffchen gemacht: p – 5 Dkn (Ov) – wenden – Ring B aus 5 Dkn, p, 5 Dkn – wenden – weiter an Ring A mit 5 Dkn (Ov) – wenden – Ring C aus 5 Dkn, p, 5 Dkn, p, 5 Dkn, p, 5 Dkn – wenden – weiter an Ring A mit 5 Dkn (Ov) – wenden – Ring D aus 5 Dkn, p, 5 Dkn – wenden – weiter an Ring A mit 5 Dkn (Ov). Nun erst wird Ring A zusammengezogen.

Auf die gleiche Weise werden auch die Ringe E, I und M mit ihren jeweiligen Anhängseln gearbeitet, dabei wird jeweils der erste Picot mit dem grünen Schiffchen weggelassen.

Bei Ring Q beginnt man ebenfalls mit 10 Dkn, verbindet dann mit dem Picot von Ring A, dann folgen nochmals 5 Dkn mit dem blauen Schiffchen. Die zweite Hälfte mit dem grünen Schiffchen wird bis Ring S gearbeitet wie oben, dann 5 Dkn (Ov). Hier wird Ring Q zusammengezogen und mit Hilfe beider Schiffchen wird ein weiterer geteilter Ring T gearbeitet aus 5 Dkn mit dem blauen und 5 Dkn (Ov) mit dem grünen Schiffchen.

Jetzt kommt man zur äußeren Runde des Sterns: Ring U ist wiederum ein geteilter Ring, bei dem zunächst mit dem blauen Schiffchen 2 Dkn gearbeitet werden. Noch immer mit dem blauen Schiffchen anschl. an Ring B, 5 Dkn, dann mit dem grünen Schiffchen 5 Dkn (Ov). Mit dem grünen Schiffchen folgt Ring V aus 5 Dkn, p, 5 Dkn. (* Mit dem blauen Schiffchen arbeitet man den folgenden Bogen aus 3 Dkn, den Ring aus 5 Dkn, anschl. lt. Schema, 5 Dkn, einen Bogen aus 5 Dkn, p, 3 Dkn, p, 5 Dkn und einen weiteren Ring aus 5 Dkn, p, 5 Dkn, anschl., 5 Dkn, p, 5 Dkn. Mit dem grünen Schiffchen folgt nun das Ring-Tripel an der Spitze des Sterns. Der erste Ring besteht aus 5 Dkn, p, 3 Dkn, p, 3 Dkn. Der zweite Ring wird aus 3 Dkn, anschl. lPvR, 5 Dkn, p, 3 Dkn, p, 3 Dkn, p, 5 Dkn, p, 3 Dkn gearbeitet. Der letzte Ring besteht nochmals aus 3 Dkn, anschl. lPvR, 3 Dkn, p, 5 Dkn. Wieder mit dem blauen Schiffchen folgt nun ein Bogen aus 5 Dkn, p, 3 Dkn, p, 5 Dkn und ein Ring aus 5 Dkn, anschl., 5 Dkn. Ein weiterer Bogen aus 3 Dkn führt zurück an die Basis zu einem Ring aus 5 Dkn, anschl., 2 Dkn, anschl., 5 Dkn. Wieder mit dem grünen Schiffchen arbeitet man noch einen Ring aus 5 Dkn, p, 5 Dkn *). Von (* bis *) noch viermal wiederholen, beim letzten Mal allerdings beim Bogen aus 3 Dkn aufhören und an den Ausgangspunkt anschliessen.

Techniken:
Occhi-Karree,
geteilte Ringe bzw. Occhi verkehrt.

Material:
20er Garn (ergibt ca. 8 cm Durchmesser);
2 Schiffchen, die zur Unterscheidung in der Anleitung
mit 'blau' und 'grün' bezeichnet werden;
eine Sicherheitsnadel.

... und so wird's gemacht:

1. Runde (1 Schiffchen + Knäuel):

Mit der Sicherheitsnadel wird zunächst der Faden festgehalten, so daß eine Anfangsöse entsteht. Mit dem Schiffchen arbeitet man einen Bogen aus 5 Dkn, p, 1 Dkn, p, 1 Dkn, p, 5 Dkn. Den Faden des Schiffchens nun wieder um die Nadel schlingen, so daß eine weitere Öse entsteht. Auf die gleiche Weise 4 weitere Bögen arbeiten, zwischen denen jeweils eine Öse festgehalten wird. Der sechste Bogen besteht ebenfalls aus 5 Dkn, p, 1 Dkn, p, 1 Dkn, p, 5 Dkn. Nun einen Ring arbeiten: 2 Dkn, p, 2 Dkn, die erste Öse von der Sicherheitsnadel gleiten lassen und anschl., 2 Dkn, p, 2 Dkn, an die nächste Öse anschl., usw., bis abschließend die letzte Öse eingearbeitet wurde. Den Ring zusammenziehen.

2. Runde (2 Schiffchen):

Die zweite Runde an einem beliebigen mittleren Picot eines Bogens beginnen. (* Mit dem blauen Schiffchen arbeitet man 4 Dkn, dann ein Occhi-Karree aus 5 Reihen à 5 Dkn beginnend mit dem blauen Schiffchen. Mit dem blauen Schiffchen nun weitere 4 Dkn arbeiten und an den mittleren Picot des nächsten Bogens der 1. Runde anschl. *). Von (* bis *) noch fünfmal wiederholen, bis der Ausgangspunkt der 2. Runde wieder erreicht ist. Mit einem geteilten Ring aus 5 Dkn mit dem blauen Schiffchen und 5 Dkn (Ov) mit dem grünen Schiffchen kommt man zur äußersten Runde des Sterns: (*** Wiederum mit dem blauen Schiffchen arbeitet man einen Bogen aus 5 Dkn, p, 3 Dkn, p, 5 Dkn, gefolgt von einem Ring aus 5 Dkn, anschl. an das nächste Occhi-Karree, 5 Dkn. Mit dem grünen Schiffchen werden nun drei Ringe gearbeitet: Der erste Ring aus 5 Dkn, p, 3 Dkn, p, 3 Dkn, der zweite Ring aus 3 Dkn, anschl. lPvR, 5 Dkn, p, 5 Dkn, p, 3 Dkn und der dritte Ring aus 3 Dkn, anschl. lPvR, 3 Dkn, p, 5 Dkn.

Wieder mit dem blauen Schiffchen folgen ein Bogen aus 5 Dkn, p, 3 Dkn, p, 5 Dkn und ein Ring aus 5 Dkn, anschl. an den entspr. Bogen aus der vorangeg. Runde (s. Schema), 5 Dkn ***). Von (*** bis ***) fünfmal wiederholen. Das letzte Mal wird mit dem letzten Bogen beendet, der an den schon vorhandenen Ring angeschlungen wird.

Techniken:

Occhi-Karree,
geteilte Ringe bzw. Occhi verkehrt.

Material:

20er Garn (ergibt ca. 8 cm Durchmesser);
2 Schiffchen, die zur Unterscheidung in der Anleitung
mit 'blau' und 'grün' bezeichnet werden;
eine Sicherheitsnadel.

... und so wird's gemacht:

Zunächst den Faden um die Sicherheitsnadel schlingen, um den ersten Picot zu bilden. Der Startpunkt ist im Schema mit einem '•' markiert. Als Zentrum des Sterns ein Occhi-Karree aus 5 Reihen à 5 Dkn arbeiten, dazu mit dem blauen Schiffchen beginnen.

Nun Ring a arbeiten aus 5 Dkn mit dem grünen und 5 Dkn (Ov) mit dem blauen Schiffchen. Mit dem grünen Schiffchen folgt ein Bogen aus 5 Dkn, dann mit dem blauen Schiffchen Ring b aus 5 Dkn, anschl. an die nächste Ecke des Occhi-Karrees (s. Schema, falls nötig mit sanfter Gewalt ein Loch für die Häkelnadel erzwingen), 5 Dkn. Mit dem grünen Schiffchen Ring c aus 5 Dkn, p, 5 Dkn machen. (** Den nächsten Bogen aus 5 Dkn, p, 5 Dkn mit dem blauen Schiffchen arbeiten. Dann wiederum zwei Ringe: Einen mit dem blauen Schiffchen aus 5 Dkn, anschl. an die gleiche Ecke des Occhi-Karrees (s. Schema), 5 Dkn; einen mit dem grünen Schiffchen aus 5 Dkn, p, 5 Dkn. Nach dem folgenden Bogen aus 5 Dkn mit dem grünen Schiffchen schlingt man den Ring aus 5 Dkn, anschl., 5 Dkn mit dem blauen Schiffchen an die nächste Ecke des Karrees an. Den entspr. Ring mit dem grünen Schiffchen an den vorangeg. nach außen weisenden Ring anschl. **). Von (** bis **) wiederholen bis zum letzten Bogen mit dem blauen Schiffchen. Am Ende dieses Bogens an der Basis des ersten Rings anschl.. Um für die letzte Runde nach außen zu gelangen, wird Ring p als geteilter Ring gearbeitet aus 5 Dkn mit dem grünen und 5 Dkn (Ov) mit dem blauen Schiffchen. Zuziehen und mit dem blauen Schiffchen an Ring c anschl., dann einen gleichen geteilten Ring q arbeiten.

Mit dem grünen Schiffchen einen Ring aus 5 Dkn, p, 4 Dkn, p, 4 Dkn, p, 5 Dkn arbeiten, dann (*** einen Bogen aus 5 Dkn, 3 Ringe aus 4 Dkn, anschl. lPvR, 4 Dkn, p, 4 Dkn, p, 4 Dkn. Wiederum einen Bogen aus 5 Dkn und einen Ring aus 5 Dkn, anschl. lPvR, 4 Dkn, p, 4 Dkn, p, 5 Dkn machen. Anschl. an den nach innen weisenden Ring und mit dem grünen Schiffchen einen weiteren Bogen aus 6 Dkn, p, 6 Dkn knüpfen. Nun mit dem blauen Schiffchen den nach innen weisenden Ring arbeiten aus 5 Dkn, anschl. (s. Schema), 5 Dkn. Es folgt ein Ring aus 5 Dkn, p, 4 Dkn, anschl. an den mittleren Picot des vorletzten Rings, 4 Dkn, p, 5 Dkn mit dem grünen Schiffchen ***). Von (*** bis ***) wiederholen, bis mit einem Bogen aus 6 Dkn, p, 6 Dkn abschliessend wieder an Ring p angeschlungen wird.

Techniken:
Geteilte Ringe bzw. Occhi verkehrt.

Material:
20er Garn (ergibt ca. 9 cm Durchmesser);
2 Schiffchen, die zur Unterscheidung in der Anleitung
mit 'blau' und 'grün' bezeichnet werden.

... und so wird's gemacht:

Mit dem blauen Schiffchen Ring a arbeiten als 6 Dkn, p, 6 Dkn. (* Es folgt ein geteilter Ring aus 6 Dkn mit dem blauen und 6 Dkn (Ov) mit dem grünen Schiffchen. Danach mit dem blauen Schiffchen zwei Ringe aus 6 Dkn, p, 6 Dkn, gefolgt von drei weiteren geteilten Ringen aus 6 Dkn mit dem blauen und 6 Dkn (Ov) mit dem grünen Schiffchen knüpfen*). Von (* bis *) viermal wiederholen, allerdings beim vierten Mal nach dem zweiten geteilten Ring an den Picot des Ausgangsrings anschl..

Mit einem weiteren geteilten Ring A aus 6 Dkn mit dem blauen und 6 Dkn (Ov) mit dem grünen Schiffchen gelangt man zur äußeren Runde des Sterns: (** Es folgt ein Ring aus 6 Dkn, anschl. entspr. dem Schema, 6 Dkn mit dem grünen Schiffchen, gefolgt von einem Bogen aus 5 Dkn, p, 1 Dkn, p, 1 Dkn, p, 5 Dkn. Weiterhin mit dem grünen Schiffchen arbeitet man einen Ring aus 6 Dkn, anschl., 6 Dkn, einen Ring aus 6 Dkn, p, 6 Dkn und einen weiteren Bogen aus 5 Dkn, p, 1 Dkn, p, 1 Dkn, p, 5 Dkn. Mit dem grünen Schiffchen wiederum einen Ring aus 6 Dkn, anschl., 6 Dkn machen. Mit dem blauen Schiffchen wird der nach außen weisende Ring aus 6 Dkn, p, 6 Dkn gearbeitet. Mit dem grünen Schiffchen wird nun zweimal die Folge aus Bogen aus 5 Dkn, p, 1 Dkn, p, 1 Dkn, p, 5 Dkn und zwei Ringen aus 6 Dkn, anschl., 6 Dkn gearbeitet. Es folgt ein Bogen aus 6 Dkn und ein weiterer Ring aus 6 Dkn, anschl., 6 Dkn **). Von (** bis **) viermal wiederholen. Beim vierten Mal nach dem Bogen aus 6 Dkn an Ring A anschl..

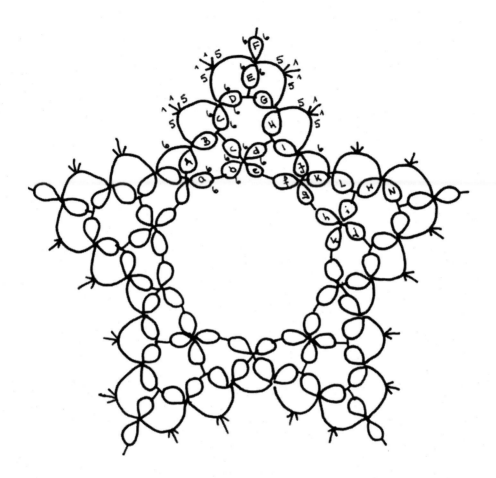

Techniken:
Geteilte Ringe bzw. Occhi verkehrt.

Material:
20er Garn (ergibt ca. 9 cm Durchmesser);
2 Schiffchen, die zur Unterscheidung in der Anleitung
mit 'blau' und 'grün' bezeichnet werden.

... und so wird's gemacht:
Mit der Sicherheitsnadel den Faden festhalten zu einer Anfangsöse. Es wird begonnen mit einem
Bogen aus 4 Dkn mit dem blauen Schiffchen, gefolgt von einem Ring aus 5 Dkn, p, 5 Dkn mit dem
grünen Schiffchen. Bogen und Ring noch 8mal wiederholen und einen weiteren Bogen arbeiten.
Für den nun folgenden Ring J wird zunächst an die Anfangsöse angeschlungen. Er ist ein geteilter
Ring und wird aus 5 Dkn mit dem grünen Schiffchen und 5 Dkn (Ov) mit dem blauen Schiffchen
gemacht.
Nachdem nun das Innere des Sterns gearbeitet ist, werden alle weiteren Ringe und Bögen mit dem
grünen Schiffchen gearbeitet. Zunächst folgt Ring K aus 5 Dkn, p, 5 Dkn. (* Ein weiterer Ring aus
5 Dkn, p, 5 Dkn wird gefolgt von einem Bogen aus 5 Dkn, anschl. an den entspr. Ring lt. Schema,
4 Dkn, p, 4 Dkn, p, 4 Dkn. Nun arbeitet man ein Ring-Paar: Der erste Ring besteht aus 5 Dkn,
anschl. lPvR, 5 Dkn, der zweite Ring aus 5 Dkn, p, 5 Dkn. Mit dem Bogen aus 4 Dkn, p, 4 Dkn
gelangt man an eine Spitze des Sterns, die aus einem Ring-Tripel folgendermaßen gearbeitet wird:
Der erste Ring besteht aus 5 Dkn, anschl. lPvR, 4 Dkn, p, 1 Dkn, p, 1 Dkn, p, 4 Dkn, p, 5 Dkn. Es
folgt der zweite Ring aus 5 Dkn, anschl. lPvR, 5 Dkn, p, 4 Dkn, p, 1 Dkn, p, 1 Dkn, p, 4 Dkn, p, 5
Dkn, p, 5 Dkn. Der dritte Ring entspricht dem ersten des Tripels. Es folgen ein Bogen aus 4 Dkn,
anschl. an den gegenüberliegenden Bogen, 4 Dkn, und wiederum ein Ring-Paar: Der erste Ring
besteht aus 5 Dkn, anschl. lPvR, 5 Dkn, der zweite Ring aus 5 Dkn, p, 5 Dkn. Nun arbeitet man
einen Bogen aus 4 Dkn, p, 4 Dkn, anschl. an den gegenüberliegenden Bogen, 4 Dkn, anschl. an die
Verbindung zwischen dem gegenüberliegenden Bogen und dem Ring aus dem Zentrum des Sterns,
5 Dkn, anschl. an den nächsten freien Ring aus dem Zentrum lt. Schema. Der Zacken des Sterns
wird abgeschlossen mit einem Ring aus 5 Dkn, anschl. lPvR, 5 Dkn *). Von (* bis *) viermal
wiederholen, allerdings beim letzten Mal den letzten Bogen an das bereits bestehende Ring-Paar
anschl..

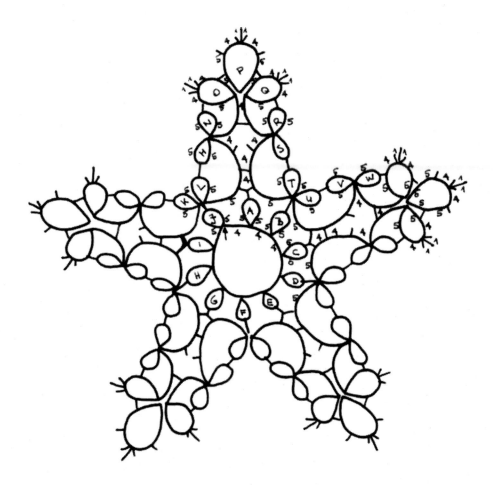

Techniken:

Occhi-Karree.

Material:

20er Garn (ergibt ca. 9 cm Durchmesser);
2 Schiffchen, die zur Unterscheidung in der Anleitung
mit 'blau' und 'grün' bezeichnet werden;
eine Sicherheitsnadel.

... und so wird's gemacht:

Mit der Sicherheitsnadel eine Anfangsöse festhalten. (* Beginnend mit dem blauen Schiffchen ein Occhi-Karree aus 7 Reihen à 9 Dkn arbeiten. Dabei nach der ersten Reihe vor dem Wenden mit dem blauen Schiffchen ein Ring-Tripel folgendermaßen arbeiten: Der erste Ring besteht aus 3 Dkn, p, 3 Dkn, p, 3 Dkn. Der zweite Ring aus 3 Dkn, anschl. lPvR, 3 Dkn, großer Picot, 3 Dkn, p, 3 Dkn wird gefolgt von einem dritten Ring aus 3 Dkn, anschl. lPvR, 3 Dkn, p, 3 Dkn. Bei Beginn der siebten Reihe des Occhi-Karrees nach dem anfänglichen Lkn ein gleiches Tripel von Ringen mit dem grünen Schiffchen arbeiten, allerdings dabei den mittleren Picot des zweiten Rings in normaler Größe arbeiten.

Nach dem Occhi-Karree weiter mit einem Bogen aus 6 Dkn mit dem blauen Schiffchen, einem Tripel wie vorher mit dem grünen Schiffchen und der Weiterführung des Bogens mit weiteren 6 Dkn mit dem blauen Schiffchen *).

Noch dreimal von (* bis *) wiederholen, allerdings beim mittleren Picot des zweiten Rings der nach innen weisenden Ring-Tripel (gearbeitet mit dem blauen Schiffchen) statt des großen Picots anschl. an den großen Picot, der mit dem ersten Tripel gearbeitet wurde.

Nach Beendigung des Bogens anarbeiten an das erste Occhi-Karree.

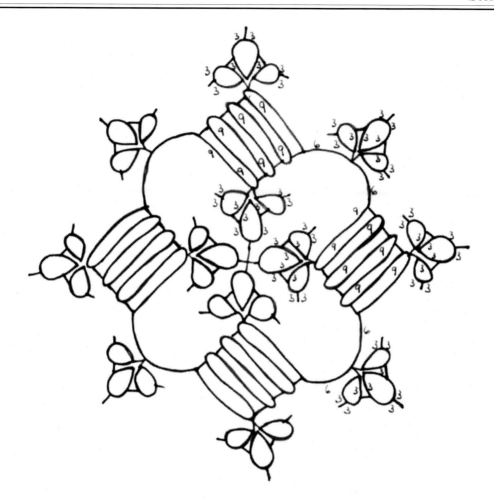

Techniken:
Geteilte Ringe bzw. Occhi verkehrt.

Material:
20er Garn (ergibt ca. 10 cm Durchmesser);
2 Schiffchen, die zur Unterscheidung in der Anleitung mit 'blau' und 'grün' bezeichnet werden,
ein Stück Pappe zum Abmessen der Picots, 8 mm breit,
eine Sicherheitsnadel.

... und so wird's gemacht:
Zunächst arbeitet man den inneren Ring aus 1 Dkn, (p 8mm, 2 Dkn) 14mal wiederholen, p 8mm, 1 Dkn. Zum Abmessen der Picots benutzt man z.B. ein vorher zurechtgeschnittenes Stück Pappe mit Seitenlänge 8mm. Den Ring schließen.

Den eigentlichen Stern beginnt man in der Mitte eines Bogens. Der Startpunkt ist im Schema entsprechend gekennzeichnet. Mit Hilfe der Sicherheitsnadel wird eine Anfangsöse festgehalten, dann arbeitet man mit dem grünen Schiffchen einen Bogen aus 4 Dkn und einen Ring aus 2 Dkn, p, 2 Dkn, anschl. an den zentralen Ring, 2 Dkn, p, 2 Dkn und einen weiteren Bogen aus 6 Dkn. (* Mit dem blauen Schiffchen folgt nun ein Ring aus 6 Dkn, p, 3 Dkn, p, 3 Dkn, p, 3 Dkn, p, 6 Dkn. Weiter geht's mit dem grünen Schiffchen und einem Bogen aus 6 Dkn. (** Es folgen ein Ring aus 2 Dkn, anschl. an den letzten mit dem grünen Schiffchen gearbeiteten Ring, 2 Dkn, anschl. an den zentralen Ring, 2 Dkn, p, 2 Dkn, dann ein Bogen aus 4 Dkn, p, 4 Dkn. **) Von (** bis **) noch einmal wiederholen. Es wird nun nochmal ein Ring aus 2 Dkn, anschl., 2 Dkn, anschl., 2 Dkn, p, 2 Dkn gearbeitet. Dieser wird gefolgt von einem Bogen aus 6 Dkn. *)

Von (* bis *) noch viermal wiederholen, allerdings bei der letzten Wiederholung den letzten Ring mit dem grünen Schiffchen auch am ersten Ring der Runde anschließen. Mit dem halben Bogen aus 4 Dkn mit dem grünen Schiffchen enden, die Sicherheitsnadel aus der Startöse entfernen und den Bogen an die Startöse anschl.. Mit einem geteilten Ring aus 4 Dkn mit dem grünen und 4 Dkn (Ov) mit dem blauen Schiffchen gelangt man zur äußeren Runde.

Mit dem grünen Schiffchen arbeitet man nun einen Bogen aus 6 Dkn, p, 6 Dkn. (*** Noch immer mit dem grünen Schiffchen folgt ein Ring aus 6 Dkn, anschl. an den entspr. Ring der vorangeg. Runde (s. Schema), 3 Dkn, p, 3 Dkn und ein Bogen aus 6 Dkn. (**** Mit dem blauen Schiffchen arbeitet man nun einen Ring aus 6 Dkn, p, 6 Dkn. Wieder mit dem grünen Schiffchen folgen ein Bogen aus 6 Dkn, ein Ring aus 3 Dkn, anschl. an den vorherigen mit dem grünen Schiffchen gearbeiteten Ring, 3 Dkn, anschl. an den Ring aus der vorangeg. Runde, 3 Dkn, p, 3 Dkn und ein weiterer Bogen aus 6 Dkn ****). Von (**** bis ****) wiederholen.

Mit dem blauen Schiffchen folgt wieder ein Ring aus 6 Dkn, p, 6 Dkn. Mit dem grünen Schiffchen wird nun ein Bogen aus 6 Dkn gearbeitet, gefolgt von einem Ring aus 3 Dkn, anschl. an den vorherigen mit dem grünen Schiffchen gearbeiteten Ring, 3 Dkn, anschl. an den Ring aus der vorangeg. Runde, 6 Dkn und einem Bogen aus 6 Dkn. Wiederum mit dem blauen Schiffchen folgt ein Ring aus 6 Dkn, p, 6 Dkn. Mit dem grünen Schiffchen arbeitet man dann einen Bogen aus 6 Dkn, einen Ring aus 4 Dkn, anschl. an den entspr. Bogen der vorangeg. Runde, 4 Dkn, einen Bogen aus 3 Dkn, einen weiteren Ring aus 4 Dkn, anschl. an den nächsten Bogen der vorangeg. Runde, 4 Dkn und einen Bogen aus 6 Dkn, anschl. an den letzten Ring mit dem blauen Schiffchen, 6 Dkn ***). Von (*** bis ***) viermal wiederholen, allerdings bei der letzten Wiederholung nach dem Bogen aus 3 Dkn enden und an den geteilten Ring anschl..

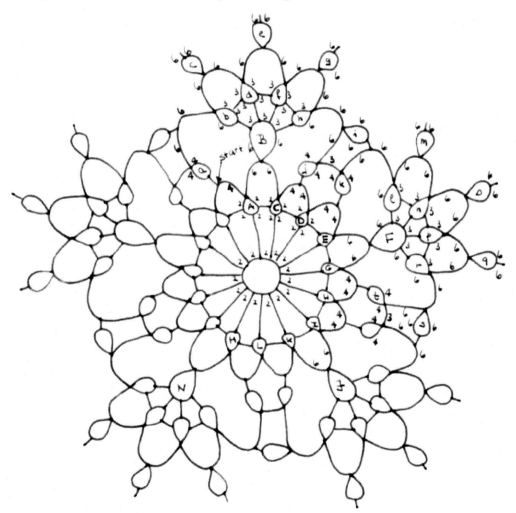

Sterne

Techniken:
Keine speziellen Techniken.

Material:
20er Garn (ergibt ca. 12 cm Durchmesser);
ein Schiffchen und das Knäuel.

... und so wird's gemacht:

Runde 1: Man beginnt mit einem großen Ring aus 4 Dkn, (p, 4 Dkn) 7mal und einem Bogen aus 4 Dkn, (p, 2 Dkn) 3mal. (* Es folgt ein Ring aus 3 Dkn, p, 3 Dkn, anschl. lPvR, 3 Dkn, p, 3 Dkn. Nun wird wieder ein Bogen aus 2 Dkn, (p, 2 Dkn) 5mal gearbeitet, gefolgt von einem Ring aus 4 Dkn, anschl. lPvR, 4 Dkn, anschl. an den großen Ring, 4 Dkn, p, 4 Dkn. Es folgen ein Bogen aus 2 Dkn, (p, 2 Dkn) 5mal und ein Ring aus 3 Dkn, anschl. lPvR, 3 Dkn, anschl. an den großen Ring, 3 Dkn, p, 3 Dkn. Mit einem Bogen aus (2 Dkn, p) 3mal, 4 Dkn, anschl. an den mittleren Picot des großen Rings, 4 Dkn gelangt man zum nächsten großen Ring aus 4 Dkn, (p, 4 Dkn) 7mal. Der folgende Bogen besteht aus 4 Dkn, anschl. an den letzten Picot des vorangeg. Bogens, (2 Dkn, p) 2mal, 2 Dkn *). Von (* bis *) 5mal wiederholen, bei der letzten Wiederholung den Bogen vor dem großen Ring an den ersten Bogen lt. Schema anschl. und nach diesem Bogen beenden.

Runde 2: Die zweite Runde beginnt mit dem als Ring a gekennzeichneten Ring im Schema: Man arbeitet einen Ring aus 5 Dkn, p, 5 Dkn, anschl. an den entspr. Bogen aus der ersten Runde (s. Schema), 5 Dkn, p, 5 Dkn. Dieser wird gefolgt von einem (** Bogen aus 2 Dkn, (p, 2 Dkn) 5mal und einem Ring aus 4 Dkn, anschl. lPvR, 4 Dkn, anschl. an den Bogen der vorangeg. Runde, 4 Dkn, p, 4 Dkn. Nun folgt wieder ein Bogen aus (2 Dkn, p) 3mal, 6 Dkn, anschl. an den entspr. Bogen der vorangeg. Runde, 4 Dkn, anschl. an den gegenüberliegenden Bogen der vorangeg. Runde, 6 Dkn, anschl. an den letzten Picot, (2 Dkn, p) 2mal, 2 Dkn. Der nächste Ring besteht aus 4 Dkn, p, 4 Dkn, anschl. an den entspr. Bogen der vorangeg. Runde, 4 Dkn, p, 4 Dkn. Dieser wird gefolgt von einem Bogen aus 2 Dkn, (p, 2 Dkn) 5mal; einem Ring aus 5 Dkn, anschl. lPvR, 5 Dkn, anschl. an den entspr. Bogen der vorangeg. Runde, 5 Dkn, p, 5 Dkn; einem Bogen aus 2 Dkn, (p, 2 Dkn) 5mal und einem Ring aus 5 Dkn, anschl. lPvR, 5 Dkn, anschl. an den entspr. Bogen der vorangeg. Runde, 5 Dkn, p, 5 Dkn **). Von (** bis **) 5mal wiederholen.

Runde 3: Beginnen mit einem Ring aus 6 Dkn, p, 6 Dkn, anschl. an den entspr. Bogen der vorangeg. Runde (s. Schema), 6 Dkn, p, 6 Dkn. (*** Es folgen ein Bogen aus 2 Dkn, (p, 2 Dkn) 7mal; ein Ring aus 6 Dkn, anschl. lPvR, 6 Dkn, anschl. an den entspr. Bogen der vorangeg. Runde,

6 Dkn, p, 6 Dkn; ein weiterer Bogen aus 2 Dkn, (p, 2 Dkn) 5mal und ein Ring aus 6 Dkn, anschl. lPvR, 6 Dkn, anschl. an den entspr. Bogen der vorangeg. Runde, 6 Dkn, p, 6 Dkn. Man arbeitet nun einen Bogen aus (2 Dkn, p) 4mal, 6 Dkn, anschl. an den entspr. Bogen der vorangeg. Runde, 4 Dkn, anschl. an den gegenüberliegenden Bogen der vorangeg. Runde, 6 Dkn, anschl. an den letzten gearbeiteten Picot, 2 Dkn, (p, 2 Dkn) 3mal. Es folgen ein weiterer Ring aus 6 Dkn, p, 6 Dkn, anschl. an den entspr. Bogen der vorangeg. Runde, 6 Dkn, p, 6 Dkn; ein Bogen aus 2 Dkn, (p, 2 Dkn) 5mal; ein Ring aus 6 Dkn, anschl. lPvR, 6 Dkn, anschl. an den entspr. Bogen der vorangeg. Runde, 6 Dkn, p, 6 Dkn; ein Bogen aus 2 Dkn, (p, 2 Dkn) 7mal und ein Ring aus 6 Dkn, anschl. lPvR, 6 Dkn, anschl. an den entspr. Bogen der vorangeg. Runde, 6 Dkn, p, 6 Dkn ***). Von (*** bis ***) 5mal wiederholen. Den letzten Bogen am ersten Ring anschl. und beenden.

43

Decken

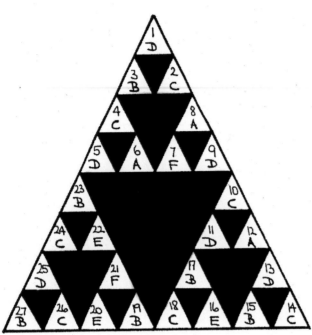

Gesamtschema

Techniken:
Geteilte Ringe bzw. Occhi verkehrt.

Material:
20er Garn;
2 Schiffchen, die zur Unterscheidung in der Anleitung mit 'blau' und 'grün' bezeichnet werden.

Diese Decke, die auch auf dem Bucheinband abgebildet ist, ist dem sogenannten „Sierpinski-Dreieck" aus der Chaos-Theorie entlehnt. Dabei handelt es sich um ein sogenanntes „selbstähnliches" Gebilde. Selbstähnlichkeit entdeckt man an vielen natürlichen Gebilden wie z.B. Blumenkohl, wo kleinere Teile des Ganzen aussehen wie das Gesamtgebilde. Bei künstlichen selbstähnlichen Gebilden entsteht üblicherweise aus einer einfachen Konstruktionsvorschrift ein sehr komplexes Gebilde.

... und so wird's gemacht:
Dieses Muster besteht im wesentlichen aus zwei Ring-Tripeln, die immer abwechselnd gearbeitet werden.

Das grüne Tripel:
Ring 1: mit dem grünen Schiffchen 6 Dkn, p, 3 Dkn,
mit dem blauen Schiffchen 6 Dkn (Ov), p, 3 Dkn (Ov).

Ring 2: mit dem grünen Schiffchen 3 Dkn, anschl. an Ring 1, 6 Dkn, p, 6 Dkn, p, 3 Dkn.

Ring 3: mit dem grünen Schiffchen 3 Dkn, anschl. an Ring 2, 6 Dkn,
mit dem grünen Schiffchen 3 Dkn (Ov), anschl. an Ring 1, 6 Dkn (Ov).

Das blaue Tripel:

Ring 1: wie oben

Ring 2: wenden, wie Ring 2 im grünen Tripel, allerdings mit dem blauen Schiffchen in Ov arbeiten.

Ring 3: wenden, mit dem grünen Schiffchen 3 Dkn, anschl. an Ring 1, 6 Dkn,
mit dem blauen Schiffchen 3 Dkn (Ov), anschl. an Ring 2, 6 Dkn (Ov).

Das Gesamt-Muster besteht aus 27 Teildreiecken, kann jedoch problemlos erweitert werden. Jedes Teildreieck ist wiederum aus 27 Tripeln zusammengesetzt, wobei sich grüne und blaue Tripel immer abwechseln.

Das Gesamtschema zeigt die 27 Teildreiecke in der Arbeits-Reihenfolge durchnummeriert. Jedes der Teildreiecke ist mit einem Buchstaben zwischen A und F versehen, der auf das entspr. Teilschema verweist. Jedes Teilschema beschreibt die Reihenfolge, in der die Tripel gearbeitet werden müssen. Beim Feld mit der Nummer 1 ist außerdem zu sehen, mit welchem Tripel (grün oder blau) begonnen werden muß. Zwei Felder, die aneinanderstoßen, weisen darauf hin, daß hier angeschlungen werden muß. Der Punkt bei Feld 14 zeigt an, daß an dieser Stelle eventuell an ein bereits vorhandenes Teildreieck angeschlungen werden muß. Diese Information kann dem Gesamtschema entnommen werden. Jedes Teildreieck entspricht in seinem Aufbau dem „Ringe-Schema".

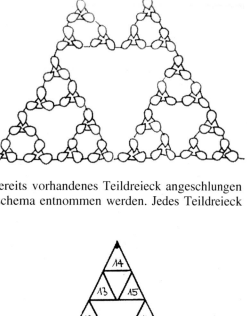

Ringe-Schema

Die Decke wird mit Teildreieck 1 an der Spitze des Gesamtschemas begonnen. Da es sich um ein Teildreieck vom Typ D handelt, kann dem entspr. Teilschema entnommen werden, daß mit einem grünen Tripel begonnen werden muß. Da es sich um das erste Tripel überhaupt handelt, kann Ring 1 vollständig mit dem grünen Schiffchen gemäß 3 Dkn, p, 6 Dkn, p, 6 Dkn, p, 3 Dkn gearbeitet werden. Die beiden anderen Ringe werden der Anweisung entsprechend gearbeitet.

Es folgt ein blaues Tripel Nr. 2. Das dritte Tripel ist wiederum ein grünes Tripel. Da Feld 3 nicht nur an Feld 2 angrenzt, mit dem es ohnehin durch die Reihenfolge verbunden ist, sondern auch an Feld 1, muß statt des mittleren Picots von Ring 2 an den entspr. Picot im ersten Tripel angeschlungen werden. Nach Vollendung des Tripels geht es weiter mit dem blauen Tripel 4 und dem grünen Tripel 5. Das blaue Tripel 6 wird wiederum an Tripel 4 angeschlungen, usw.

Nachdem das erste Teildreieck mit dem grünen Tripel 27 beendet wurde, beginnt man das Teildreieck Nr. 2 nach Schema C mit einem blauen Tripel, etc.

Im Gesamtschema ist erkennbar, daß Tripel 14 im 3. Teildreieck (vom Typ B) an die linke untere Ecke des 1. Teildreiecks angeschlungen werden muß.

Diesem Schema entsprechend kann das ganze Muster – mit Ausnahme leerer Schiffchen – in einem Stück gearbeitet werden. Natürlich ist es auch möglich, 27mal nach einem Schema vorzugehen, nach Beendigung des Teildreiecks die Fäden zu vernähen und die 27 Stücke entsprechend dem Gesamtschema zusammenzusetzen.

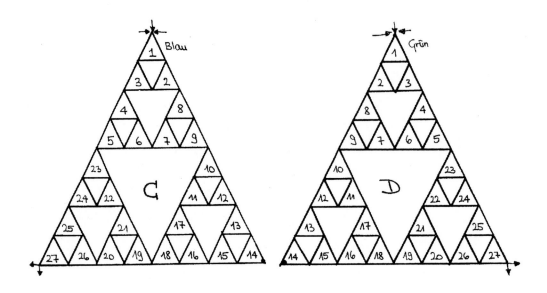

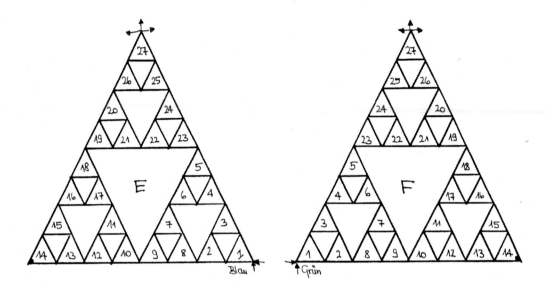

Techniken:

Geteilte Ringe bzw. Occhi verkehrt,
Occhi-Karree.

Material:

20er Garn;
2 Schiffchen, die zur Unterscheidung in der Anleitung mit 'blau' und 'grün' bezeichnet werden.

... und so wird's gemacht:

Diese Decke setzt sich aus einzelnen Quadraten zusammen, die aneinander gearbeitet werden können. Ein Quadrat wird folgendermaßen gearbeitet:

Mit dem grünen Schiffchen wird zuerst Ring a gearbeitet aus (3 Dkn, p) 2mal, 3 Dkn. Weiterhin mit dem grünen Schiffchen folgen Ring b aus 3 Dkn, anschl. lPvR, (3 Dkn, p) 4mal, 3 Dkn und Ring c aus 3 Dkn, anschl. lPvR, 3 Dkn, p, 3 Dkn. Als nächstes wird das zentrale Occhi-Karree aus 5 Reihen à 5 Dkn beginnend mit dem blauen Schiffchen gearbeitet. Nach der ersten Reihe wird mit dem blauen Schiffchen ein weiteres Ring-Tripel gemacht. Dazu arbeitet man Ring d aus 3 Dkn, anschl. an den freien Picot von Ring a, 3 Dkn, p, 3 Dkn, Ring e aus 3 Dkn, anschl. lPvR, (3 Dkn, p) 4mal, 3 Dkn und Ring f aus 3 Dkn, anschl. lPvR, 3 Dkn, p, 3 Dkn. Nach dem einzelnen Lkn zu Beginn der fünften Reihe wird nochmals das gleiche Tripel gearbeitet, allerdings wird diesmal an Ring c statt an Ring a angeschlungen und mit dem grünen Schiffchen gearbeitet. Nach Beendigung des Occhi-Karrees folgt das letzte Tripel des Zentrums. Dazu arbeitet man Ring j aus 3 Dkn, anschl. an den freien Picot von Ring i, 3 Dkn, p, 3 Dkn mit dem grünen Schiffchen und Ring k mit dem blauen Schiffchen in Ov aus 3 Dkn, anschl. an den freien Picot von Ring f, 3 Dkn, p, 3 Dkn. Zuletzt wird Ring l als geteilter Ring folgendermaßen gearbeitet: Mit dem grünen Schiffchen macht man 3 Dkn, anschl. an Ring j, 3 Dkn, p, 3 Dkn und mit dem blauen Schiffchen in Ov 3 Dkn, anschl. an Ring k, 3 Dkn, p, 3 Dkn.

Nachdem das Zentrum des Quadrates fertiggestellt wurde, folgt nun ein weiterer geteilter Ring m aus (3 Dkn, p) 2mal, 3 Dkn mit dem grünen Schiffchen und mit dem blauen Schiffchen (3 Dkn, p) 2mal, 3 Dkn in Ov.

(* Es geht weiter mit dem grünen Schiffchen und einem Ring aus (3 Dkn, p) 5mal, 3 Dkn. Mit dem blauen Schiffchen arbeitet man einen Bogen aus 10 Dkn, an den sich ein Occhi-Karree aus 4 Reihen à 5 Dkn beginnend mit dem blauen Schiffchen anschließt. Nach der ersten Reihe des Karrees wird mit dem blauen Schiffchen ein Ring aus 3 Dkn, p, 3 Dkn, anschl. an den vorletzten Ring, 3 Dkn, anschl. an den entspr. Ring des Zentrums (s. Schema), 3 Dkn, p, 3 Dkn gearbeitet. Nach Beendigung des Karrees folgt ein Bogen aus 6 Dkn mit dem blauen Schiffchen. Mit dem grünen Schiffchen wird nun ein Tripel aus Ringen gearbeitet: Der erste Ring aus (3 Dkn, p) 2mal, 3 Dkn, der mittlere Ring aus 3 Dkn, anschl. lPvR, (3 Dkn, p) 4mal, 3 Dkn. Der letzte Ring wird wiederum aus 3 Dkn, anschl. lPvR, 3 Dkn, p, 3 Dkn gearbeitet. Nach dem Tripel wird der Bogen mit dem blauen Schiffchen mit 6 Dkn weitergeführt. Es folgt ein weiteres Occhi-Karree aus 4 Reihen à 5 Dkn beginnend mit dem blauen Schiffchen. Nach der ersten Reihe wird hier an den letzten Picot des vorangeg. Karrees (s. Schema) angeschlungen. Nach dem einzelnen Lkn der vierten Reihe wird mit dem blauen Schiffchen ein weiterer Ring aus 3 Dkn, p, 3 Dkn, anschl. an den entspr. Ring des Zentrums, (3 Dkn, p) 2mal, 3 Dkn gearbeitet.

Nach dem Karree wird wiederum ein Bogen mit dem blauen Schiffchen aus 10 Dkn gefolgt von einem Ring aus 3 Dkn, p, 3 Dkn, anschl. an den vorangeg. Ring, 3 Dkn, anschl. an den Ring des Zentrums, (3 Dkn, p) 2mal, 3 Dkn gearbeitet. *)

Von (* bis *) dreimal wiederholen. Dabei bei der letzten Wiederholung nach dem letzten Bogen beenden und mit Ring m verbinden.

Diejenigen Picots, an die weitere Quadrate zur Erweiterung der Decke angebracht werden können, sind im Schema durch Pfeile gekennzeichnet.

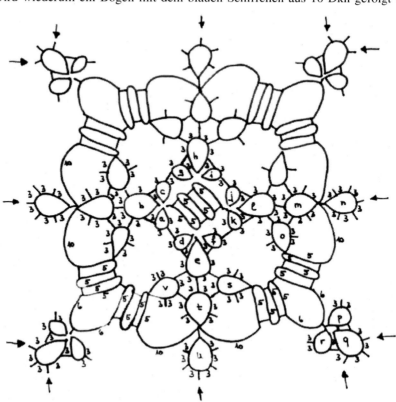